LAS VERDURAS

Por Robin Nelson

Traducción de Julia C. Fitzpatrick
y Mercedes P. Castañer

primeros pasos

⌐ Lerner Publications Company · Minneapolis

Necesitamos comer muchos
tipos de alimentos para
2 mantenernos **saludables.**

Necesitamos comer
alimentos del grupo de
verduras.

3

Las verduras son partes de
las plantas.

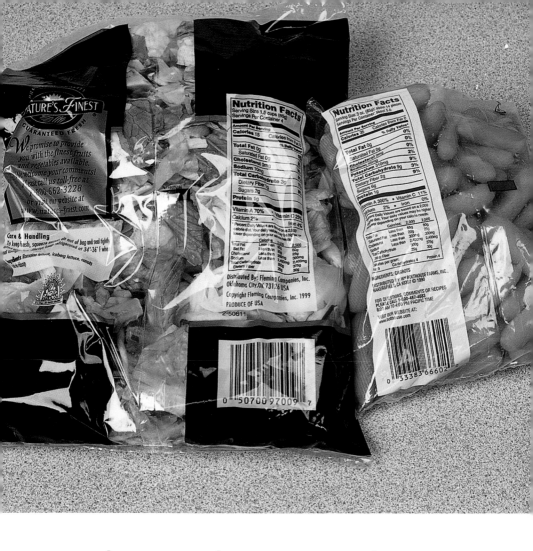

Las verduras nos dan
vitaminas y **minerales.**

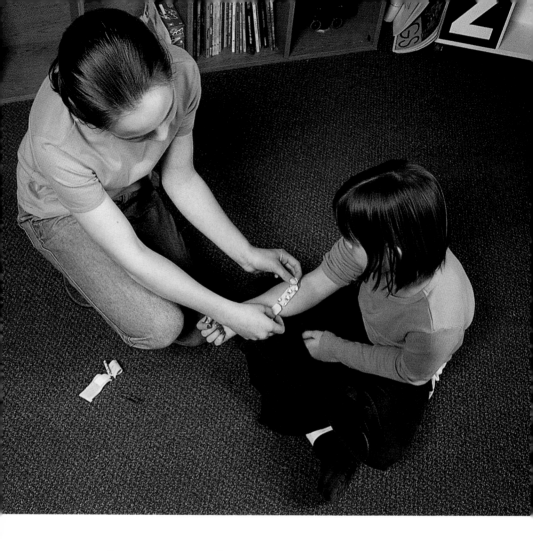

Las verduras ayudan a
sanar nuestros cuerpos.

Las verduras ayudan a
nuestros ojos a mantenerse
saludables.

Necesitamos tres **porciones**
de verduras cada día.

Podemos comer lechuga.

Podemos comer maíz.

Podemos comer zanahorias.

Podemos comer guisantes.

Podemos comer brócoli.

Podemos comer camotes.

Podemos comer habichuelas verdes.

Podemos comer pimientos.

Las verduras me mantienen
saludable.

El grupo de grasas, aceites y dulces
En cantidades muy pequeñas

El grupo de carnes, aves, pescado, frijoles secos, huevos y nueces
De 2 a 3 porciones

El grupo de leche, yogur y queso
De 2 a 3 porciones

El grupo de verduras
De 2 a 3 porciones

El grupo de frutas
De 2 a 4 porciones

El grupo de pan, cereales, arroz y pasta
De 6 a 11 porciones

El Grupo de Verduras

La Pirámide de los Alimentos nos muestra cuántas porciones de alimentos variados debemos comer cada día. El grupo de verduras está en el segundo nivel de la Pirámide de los Alimentos. Necesitas de 3 a 5 porciones de verduras cada día. Pudieras comerte una taza de lechuga o ½ taza de brócoli. Pudieras tomarte ¾ taza de jugo de verduras. Las verduras te dan vitaminas que te ayudan a ver. El comer verduras ayuda a sanar nuestros cuerpos de cortadas y golpes.

Detalles sobre las Verduras

 Las verduras vienen de las plantas. La parte que te comes pudiera ser el tallo, la flor, la hoja, la semilla o la raíz de la planta.

 El 17 de junio es el Día Nacional de Comer Verduras.

 La mayoría de las vainas de guisantes contienen un promedio de 8 guisantes.

Las zanahorias contienen mucha vitamina A. La vitamina A te ayuda a ver, sobre todo de noche.

Las hojas de color verde oscuro de la lechuga son mejores para ti que las de un verde más claro.

La espinaca fue la primera verdura congelada en venderse.

Glosario

 minerales – la parte de los alimentos que mantiene saludables tu sangre, huesos y dientes.

 porciones – cantidades de alimentos

 saludable – que no está enfermo

 verdura – una parte de la planta que se puede comer

 vitaminas – una parte de los alimentos que mantiene saludable tu cuerpo

Indice

Las fotografías en este libro se han reproducido por cortesía de: © Todd Strand/Independent Picture Service, portada, Págs. 3, 5, 6, 7, 8, 9, 11, 12, 13, 15, 16, 17, 22 (primera, segunda, centro, última); © PhotoDisc/Royalty-Free, Pág. 2. © USDA, Págs. 4, 10, 22 (penúltima); © Steve Foley & Rena Dehler/Independent Picture Service, Pág. 14.

La ilustración en la página 18 es por Bill Hauser.

Lerner Publications Company
Una división de Lerner Publishing Group
241 First Avenue North
Minneapolis, MN 55401 E.U.A.

Dirección en la red mundial: www.lernerbooks.com

Library of Congress Cataloging-in-Publication Data

Nelson, Robin, 1971–
    [Vegetables. Spanish]
    Las verduras / por Robin Nelson ; traducción de Julia C. Fitzpatrick y Mercedes P. Castañer.
       p.   cm. — (Los primeros pasos)
    Includes index.
    Summary: An introduction to different vegetables and the part they play in a healthy diet.
    ISBN: 0–8225–5059–8 (lib. bdg. : alk. paper)
    ISBN: 0–8225–5125–X (pbk. : alk. paper)
    1. Vegetables—Juvenile literature. [1. Vegetables. 2. Nutrition. 3. Spanish language materials.] I. Title. II. Series.
TX391.N4518 2003
641.6'5—dc21   2003000886

Hecho en los Estados Unidos de América
1 2 3 4 5 6 – JR – 08 07 06 05 04 03